TABLEAUX

ANCIENS ET MODERNES

AQUARELLES

DE PREMIER ORDRE

VENTE

HOTEL DROUOT, SALLE N° 8

Le Mardi 6 Mai 1873

A DEUX HEURES PRÉCISES

<table>
<tr><td>Me ESCRIBE</td><td>M. HARO</td></tr>
<tr><td>COMMISSAIRE-PRISEUR</td><td>PEINTRE-EXPERT</td></tr>
<tr><td>6, rue de Hanovre, 6</td><td>14, rue Visconti et rue Bonaparte, 20</td></tr>
</table>

1873

IMPRIMERIE J. CLAYE — RUE SAINT-BENOIT 7 — PARIS

TABLEAUX

ANCIENS ET MODERNES

AQUARELLES

TABLEAUX

ANCIENS ET MODERNES

DE M. B***

AQUARELLES

DE PREMIER ORDRE

44 PAR HILDEBRANDT, DECAMPS, ETC.

APPARTENANT

A Mme LA BARONNE DE N***

25 PAR RAFFET

PROVENANT DES COLLECTIONS DE SAN DONATO

DONT LA VENTE AURA LIEU

HOTEL DROUOT, SALLE N° 8

Le Mardi 6 Mai 1873

A DEUX HEURES PRÉCISES

EXPOSITIONS

PARTICULIÈRE	PUBLIQUE
Le Dimanche 4 Mai 1873	Le Lundi 5 Mai 1873

Me ESCRIBE	M. HARO, peintre-expert
COMMISSAIRE - PRISEUR	CHEVALIER DE LA LÉGION D'HONNEUR
6, rue de Hanovre, 6	14, rue Visconti, et rue Bonaparte, 20

1873

CONDITIONS DE LA VENTE

Elle se fera au comptant.

Les acquéreurs payeront *cinq pour cent* en sus des adjudications.

TABLEAUX

DÉSIGNATION

TABLEAUX

ANASTASI (Auguste).

1. — Paysage, environs de Paris.

Signé à gauche.

B. — H. 0^m,39. L. 0^m 33.

BÉNARD.

2. — Le Repas de noces.

T. — H. 0^m,52. L. 0^m,65.

BESCHEY (C.).

3. — Le Retour du marché.

Dans la manière de Breughel.

Signé à gauche.

B. — H. 0^m,23. L. 0^m,34.

BESCHEY (C.).

4. — Le Départ pour la ville.

Dans la manière de Breughel.

Signé à gauche.

B. — H. 0^m,23. L. 0^m,34.

BRASCASSAT.

5. — L'Automne.

Paysage, figures et animaux.

Signé et daté 1839.

T. — H. 0^m,55. L. 0^m,74.

BRUNE (Adolphe).

6. — L'Amour.

T. ovale.

CALAME (A.).

7. — Vue de Suisse.

Signé à gauche.

T. — H. 0^m,76. L. 0^m,59.

COU DER (Alexandre).

8. — La Leçon de chant.

T. — H. 0^m,44. L. 0^m,33.

COUDER (A.).

9. — Fleurs et accessoires.

Signé et daté.

B. — H. 0^m,30. L. 0^m,38.

DECAMPS.

10. — Le Prophète Balaam et l'Ange.

Paysage avec figures; effet de soleil levant.

Signé à gauche D. C..

Forme ovale. — T. — H. 0^m,61. L. 0^m,50.

1*

DECAMPS.

11. — Le Bazar turc.

Signé à gauche D. C.

T. — H. 0m,34. L. 0m,42.

DIAZ.

12. — Baigneuse.

Paysage.

Signé à gauche et daté.

B. — H. 0m,46. L. 0m,38.

DIAZ.

13. — La Diseuse de bonne aventure.

Signé à gauche.

T. — H. 0m,55. L. 0m,38.

DIAZ.

14. — Jeunes Enfants jouant avec leurs chiens.

Signé à gauche et daté 1856.

T. — H. 0m,46. L. 0m,38.

GUIAUD.

15. — Vue prise à La Haye (Hollande).

Signé à gauche.

T. — H. 0ᵐ,35. L. 0ᵐ,52.

MARILHAT.

16. — Une Rue au Caire.

Signé à droite et daté. *1822*

T. — H. 0ᵐ,29. L. 0ᵐ,23.

MULLER (Cʜ.-L.).

17. — La Saltarella.

Signé à gauche.

T. — H. 0ᵐ,73. L. 0ᵐ,52.

OMMÉGANCK.

18. — Moutons dans un pacage.

Panneau. — H. 0ᵐ,41. L. 0ᵐ,55.

OMMÉGANCK.

19. — Pâturage.

Figures et animaux.
Signé à droite sur l'arbre et daté 1848.
Pendant du précédent.

Panneau. — H. 0^m,41. L. 0,55.

QUERFURT.

20. — Le Camp.

Cuivre. — H. 0^m,34. L. 0^m,45.

QUERFURT.

21. — Halte de cavaliers.

Cuivre. — H. 0^m,34. L. 0^m,45.

TOURNEMINE (C. DE).

22. — Les Chevriers.

Paysage avec figures.

T. — H. 0^m,27. L. 0^m,42.

TROYON.

23. — Animaux au pâturage (Normandie).

T. — H. 0^m,54. L. 0^m,65.

VERBOECKOVEN (EUG.).

24. — Pâturage (Hollande).

Signé à droite et daté.

T. — H. 0^m,87. L. 1^m,10.

AQUARELLES

[Annotation manuscrite en haut de page :] Nota — Les aquarelles de Metzmacher appartenaient à la Baronne d. N — qui exposant à des … bondissant … qu'elle expose par elle. la arrête Cavarte —

AQUARELLES

DECAMPS.

25. — La Lice et ses petits. *[annotation : H. 12 c. — L. 18 c. … la reproduction … d'Alep de 1834 …]*

Signé à gauche.

[annotation : … en lithographie. (Voir la … L'œu. Page. 87. n° 1. Bouledogue … talent …)]

GRENIER.

26. — La Belle Poupée.

Signé à droite.

HILDEBRANDT (E.).

27. — Cimes neigeuses à Madère.

Signé à gauche.

HILDEBRANDT (E.).

28. — Intérieur de montagnes. vue prise à Madère. 1849.

Signé à droite.

HILDEBRANDT (E.).

29. — Sancta Catharina, à Madère. 1849.

Signé à droite.

HILDEBRANDT (E.).

30. — Vue prise à Madère.

Au premier plan, la rivière et des laveuses, 1849.
Signé à gauche.

HILDEBRANDT (E.).

31. — Vue prise à Madère, mars 1849.

Signé à gauche.

HILDEBRANDT (E.).

32. — Vue prise à Senhoria. Madère, 1849.

> Signé à droite.

HILDEBRANDT (E.).

33. — Vue prise à Madère; les Gitanos. 1848.

> Signé à droite.

HILDEBRANDT (E.).

34. — Vue prise à Madère.

> Au premier plan, des laveuses, 1849.
> Signé à droite.

HILDEBRANDT (E.).

35. — Rivière de Saint-Luzine. Madère, 1848.

> Signé à gauche.

HILDEBRANDT (E.).

36. — Intérieur de ville. Madère.

Signé à droite.

HILDEBRANDT (E.).

37. — Le Cap, vue prise à Madère, 1849.

Signé à gauche.

HILDEBRANDT (E.).

38. — Marée basse. Madère, 1849.

Signé à droite.

HILDEBRANDT (E.).

39. — Vue prise sur les côtes de l'île de Madère. 1848.

Signé à gauche.

HILDEBRANDT (E.).

40. — Intérieur de l'île de Madère.

Signé à droite.

HILDEBRANDT (E.).

41. — Les Falaises, Madère, 30 mars 1848.

Signé à droite.

HILDEBRANDT (E.).

42. — Vue prise à Madère, 5 avril 1849.

Signé à droite.

HILDEBRANDT (E.).

43. — Comera de Lobos, Madère 1849.

Signé à droite.

HILDEBRANDT (E.).

44. — Les Terrasses, vue prise aux grandes Canaries,
1849.

Signé à gauche.

HILDEBRANDT (E.).

45. — Las Palmas, grandes Canaries, 1849.

Signé à droite.

HILDEBRANDT (E.).

46. — Las Palmas, grandes Canaries, 1849.

Signé à droite.

HILDEBRANDT (E.).

47. — Las Palmas, grandes Canaries, 1849.

Signé à droite.

HILDEBRANDT (E.).

48. — La Ville, vue des Terrasses, grandes Canaries,
1849.

Signé à droite.

HILDEBRANDT (E.).

49. — Intérieur de plaines, grandes Canaries, 1849.

Signé à gauche.

HILDEBRANDT (E.).

50. — Panorama de ville, grandes Canaries, 1848.

Signé à droite.

HILDEBRANDT (E.).

51. — Vue prise aux grandes Canaries, 1849.

Signé à droite.

HILDEBRANDT (E.).

52. — Vue prise à Ténériffe. 1848.

Signé à gauche.

HILDEBRANDT (E.).

53. — Santa-Cruz, à Ténériffe, 1849.

Signé à droite.

HILDEBRANDT (E.).

54. — Vue d'une rue à Santa-Cruz, Ténériffe.

Signé à droite.

HILDEBRANDT (E.).

55. — Une Rue à Santa-Cruz, Ténériffe, 1848.

Signé à droite.

HILDEBRANDT (E.).

56. — Vue prise à Santa-Cruz, Ténériffe.

Signé à droite.

HILDEBRANDT (E.).

57. — Couvent de la Victoria, Séville, 1849.

Signé à droite.

HILDEBRANDT (E.).

58. — La Tour d'Or à Séville, 1849.

Signé à droite.

HILDEBRANDT (E.).

59. — Vue de Saint-Juan à Séville, 1849.

Signé à droite.

HILDEBRANDT (E.).

60. — L'Église de Saint-Michel à Séville, 1849.

Signé à droite.

HILDEBRANDT (E.).

61. — Vue prise à Séville.

Signé à droite.

HILDEBRANDT (E.).

62. — Oratava, 1849.

Signé à droite.

HILDEBRANDT (E.).

63. — Côtes d'Espagne.

Vue prise en 1849.
Signé à gauche.

HILDEBRANDT (E.).

64. — Porto-Rico.

Signé à droite.

HILDEBRANDT (E.).

65. — Le Fort de Saint-Yago, 1848.

Signé à droite.

HILDEBRANDT (E.).

66. — Vue de Saint-Vincent, 1849.

Signé à gauche.

HILDEBRANDT (E.)..

67. — Vue de Saint-Joseph, 1849.

Signé à droite.

HILDEBRANDT (E.).

68. — Vue prise à Cintra (Portugal), 1849.

Signé à droite.

HILDEBRANDT (E.).

69. — Vue prise à Cintra.

Signé à gauche.

HILDEBRANDT (E.).

70. — Vue prise à Cintra, 1849.

Signé à gauche.

HOGUET.

71. — Marine.

ISABEY.

72. — Bateaux-pêcheurs en mer.

RAFFET.

73. — Soldats de l'empereur, Tanger, 1860.

RAFFET.

74. — Cavaliers de l'empereur, Tanger, 1859.

RAFFET.

75. — Un Jour de marché à Malaga, Andalousie, 1857.

RAFFET.

76. — Habitants de la Catalogne, Barcelone, 1848.

RAFFET.

77. — Joueur de guitare, royaume de Murcie, 1852.

RAFFET.

78. — Bag-Piper, Gibraltar, 1857.

RAFFET.

79. — Danseuse espagnole, Séville, 1852.

RAFFET.

80. — Habitants de la province de Valence, 1848.

RAFFET.

81. — Habitants de la province de Valence, Alicante, 1852.

RAFFET.

82. — Sergent de grenadiers, demi-brigade de l'armée d'Italie (an IV, 1796).

RAFFET.

83. — Famille florentine, San Donato, 1857.

RAFFET.

410. 84. — Un Baroccio, San Donato, 1851.

RAFFET.

290. 85. — Travailleurs à San Donato, 1859.

RAFFET.

390. 86. — Revue passée par l'empereur d'Autriche.

RAFFET.

200. 87. — Soldats croates, souvenir de la bataille de
Novare.

RAFFET.

100.   88. — La Fontaine de Rébecca, Vienne, 1855.

RAFFET.

240.   89. — Ouvriers hongrois, Vienne. 1855.

RAFFET.

400.   90. — Attelage hongrois, 1855.

RAFFET.

560.   91. — Retour de la messe, Kissingen, Bavière. 1856.

RAFFET.

92. — Chanteurs juifs, Allemagne, 1853.

RAFFET.

93. — Chariot de paysans, souvenir de Casciana, 1857.

RAFFET.

94. — Kara-sou-Bazar, Crimée, 1840.

RAFFET.

95. — Paysans de la province d'Arménie, 1852.

RAFFET.

96. — Mollahs tatares, Crimée, 1837.

RAFFET.

97. — Famille tatare. Crimée, 1837.

ROUSSEAU (Philippe).

98. — La Mare aux canards.

VERNET (Horace).

99. — Postillon (Normandie, 1824); sépia.

ZIEM.

385.

100. — Venise.

ZIEM.

380.

101. — Environs de Martigues.

PARIS. — J. CLAYE, IMPRIMEUR, 7, RUE SAINT-BENOIT. — [784]